FACULTÉ DE DROIT DE PARIS.

THÈSE
POUR LE DOCTORAT.

L'Acte public sur les matières ci-après sera soutenu le samedi 29 août 1835,
à six heures et demie,

Par Pierre-Achille MORIN,
Avocat à la Cour royale.

Président, M. ROYER-COLLARD, professeur.

Suffragans,
{ MM. DEMANTE,
BUGNET,
PELLAT, } professeurs.
OUDOT, suppléant.

*Le candidat répondra en outre aux questions qui lui seront faites
sur les autres matières de l'enseignement.*

PARIS,
IMPRIMERIE DE DECOURCHANT, RUE D'ERFURTH, N° 1.

1835

À Mon Beau-Père.

JUS ROMANUM.

DE REI VINDICATIONE

ET PUBLICIANA IN REM ACTIONE.

(ff. lib. VI, tit. I et II.)

Verbum *vindicare* idem sonat ac aliquid ut suum *indicare*. Veteres enim Romani, qui maxime sua esse credebant quæ ex hostibus cepissent, rem quam suam esse asserebant, cum *hasta indicare* solebant, signo quodam justi dominii. A verbo *vindicare* ortæ sunt voces : *vindicatio, vindicta, vindicia,* vox quoque *vindex* quam exhibet lex ipsa XII Tabularum : Assiduo vindex assiduus esto ; proletario quo quis volet vindex esto.

Omnes actiones in rem generali appellatione dicuntur *vindicationes,* et ita vindicantur hereditas, servitus, pignus. Proprie autem intelligitur *rei vindicatio* specialis in rem actio, qua-quis rem aliquam corporalem, tanquam suam, petit ab eo qui possidet vel pro possessore habetur ; quæ actio rei sed non juris vindicatio dicitur, quia Romani rem cum rei ipsius dominio confundebant ; qua de actione tractantibus, nobis-incumbit ut formas per varia tempora exponamus.

(4)

Rei vindicatio per legis actionem.

Primis temporibus, in rem duntaxat *sacramento* agebatur, quæ *legis actio* generalis erat, id est adhibebatur de quibuscumque rebus ut aliter ageretur lege cautum non erat.

Rerum mobilium, si modo in jus adferri adducive possint, ita fiebat vindicatio(1): is qui vindicabat, *vindictam* seu festucam, loco hastæ, tenebat, deinde rem ipsam adprehendebat, velut hominem, dicens: Hunc ego hominem ex jure Quiritium meum esse aio secundum suam causam (2); sicut dixi, ecce vindictam imposui; et simul homini vindictam imponebat. Adversarius eadem similiter dicebat et faciebat(3). Sic a litigatoribus fiebat *adsertio.* Cum uterque vindicasset, Prætor dicebat: Mittite ambo hominem; illi mittebant. Deinde actor sic reum interrogabat (4): Postulo anne dicas, qua ex causa vindicaveris. Reus respondebat: Jus peregi, et sicut dixi, ecce vindictam imposui. Tunc petitor: Quando tu injuria vindicavisti, d. aeris sacramento te provoco. Reus quoque: Similiter ego te. — Postea Prætor secundum alterum eorum *vindicias* dicebat, id est interim aliquem possessorem constituebat, illum forte cujus petitioni justa causa potius videbatur inesse, eumque jubebat *prædes* adversario dare *litis et vindiciarum,* scilicet cavere se rem et fructus interea perceptos restituturum post judicis sententiam. Alios au-

---

(1) Gaii Instit., Comm. iv, 16.

(2) Adde : *Ejusque vindicias mihi dari postulo.* (Gellii Noctes Atticæ, art. xx, 10.)

(3) Reus : *Et ego meum esse aio, hujusque vindicias mihi conservari postulo.* (Gell., *eod. loco.*)

(4) *Quando te in jure conspicio,* (Ciceronis oratio pro Murena, cap. xii.)

(5)

tem prædes ipse Prætor ab utroque accipiebat *sacramenti.* Quod
quidem sacramentum summa erat quam uterque litigator spónde-
bat se soluturum si victus esset, et quæ in publicum cedebat;
sacramenti autem nomen ex eo quod olim, haud dubie, sacrorum
faciendorum causa solvebatur. His peractis, xxx dierum spatium
concedebatur, ne reus brevitate temporis captus indefensus judicaretur, posteaquam in jus reversis a Prætore dabatur judex..

Si petita res, quanquam mobilis, talis erat ut non sine incom-
modo in jus adferri vel adduci posset, pars aliqua inde sumebatur,
velut ex grege una ovis aut capra, ex una ove pilus, etc.; et in
eam partem quasi in totam rem præsentem fiebat vindicatio.

Si de re soli ageretur, *consertio manus,* id est simulata concertatio
cum solemnibus verbis, in ipso loco de quo controversia erat, præsente Prætore, fieri debebat (1). Sed cum postea gravarenturP ræ-
tores in res longinquas proficisci, receptum est ut non in jure apud
Prætorem manum consererent, sed alter alterum, præsente Prætore,
ad manum conserendam in locum de quo lis erat vicissim vocaret.
Et, Prætoris jussu, simul profecti in locum, unam ex agro glebam,
ex ædibus tegulam, ex columna aliquam partem ad Prætorem
referebant; deinde, in jus reversi, hanc partem tanquam rem totam
vindicabant (2).

Ciceronis autem tempore, jam non in locum de quo erat controversia, pendente lite, proficiscebantur, sed hoc modo agebatur :
Antequam in jus convenirent, consertio manus in loco fiebat, et
inde glebam aut aliam partem in jus afferebant. Tunc in jure aiebat
actor : INDE IBI EGO TE EX JURE MANU CONSERTUM VOCO. Respondebat reus : UNDE TU ME EX JURE MANU CONSERTUM VOCASTI, INDE IBI
EGO TE REVOCO. Tum Prætor : SUIS UTRISQUE SUPERSTITIBUS ISTAM

____

(1) Gell. loco sup. d.
(2) Gell., eod. loco.

VIAM DICO; INITE VIAM. Et abeuntibus simul : REDITE VIAM (1). Hæc dicis causa, ad veteris juris imitationem observabantur. Et in glebam aut aliam partem injus allatam perinde ac in totam rem fiebat vindicatio.

Cum autem legis actiones per legem Æbutiam et duas Julias, exceptis tantum duabus causis, sublatæ fuerunt, tribus diversis modis rei vindicatio fieri cœpta est, scilicet per legis actionem apud Centumviros, per sponsionem, per formulam petitoriam seu arbitrariam.

Judicia Centumviralia. — Centum viralium judiciorum magnitudo et auctoritas maximi apud Romanos momenti erat, ut ex oratoribus hujusce temporis deprehendere licet (2). Centumvirorum varius pro diversis temporibus numerus fuit; nec in unum collecti, sed in quatuor consilia distributi, causas judicabant, duabus hastis defixis, unde *judicia hastæ* dicebantur. Antequam ad Centumviros iretur, lege agebatur *sacramento* apud Prætorem, sicuti supra diximus.

Per sponsionem. — In hac actione necesse non erat rem esse præsentem et ab utroque litigatorum vindicari, nec alterutrum constitui possessorem. Reus haud dubie possessionem retinebat; tenebatur vero actori cum satisdatione cavere. Possessorem provocabat actor tali sponsione (3) : SI HOMO DE QUO AGITUR EX JURE

---

(1) Ciceronis orationes, pro Murena, cap. XII ; pro Cecina, cap. I; pro Tullio, cap. XVI.

(2) Cicero, de Oratore, lib. I, cap. XXXVIII; — Plinius Junior, lib. VI, epist. XXXIII.

(3) Gaii Instit., Comm. IV, 93.

QUIRITIUM MEUS EST, SESTERSIOS XXV NUMMOS DARE SPONDES? Deinde formulam edebat, qua intendebat sponsionis summam sibi dari oportere. Hæc vero summa non pœnalis erat, sed præjudicialis, et propter hoc solum fiebat ut per eam de re judicaretur. Ideo non exigebatur et sine restipulatione fiebat sponsio, quæ appellabatur *pro præde litis et vindiciarum*, quia in locum successerat prædium qui olim, cum lege ageretur, pro lite et vindiciis petitori dabantur. Hoc litigandi modo, ita demum vincebat petitor si probavisset rem suam esse.

Per formulam petitoriam.— Cum autem illæ duæ litigandi formæ paulatim obsolevissent, maxime vigebat formula petitoria seu arbitraria. De qua fusius tractandum est.

DE FORMULA PETITORIA SEU ARBITRARIA.

Petitoria formula ea est qua actor intendit rem suam esse. Hæc autem formula, ut ex Gaio (1) et Tullio (2) deprehendere licet, ita concepta est : JUDEX ESTO : SI PARET HOMINEM DE QUO AGITUR EX JURE QUIRITIUM AULI AGERII ESSE, NEQUE IS RESTITUATUR, QUANTI EA RES ERIT, NUMERIUM NIGIDIUM AULO AGERIO CONDEMNA; SI NON PARET, ABSOLVE.

In rem concepta est hæc formula, non quia de re quadam agitur, sed quia, in *intentione*, reus non designatur, et ita intentio in rem, id est generaliter, scripta est.

In jus concepta, quia, in intentione, de jure, non de facto, tantum quæritur.

_____

(1) Comm. IV, 41 et 51.
(2) Ciceronis oratio secunda in Verrem, cap. XII.

Arbitraria est, nec obstant Justiniani Institutiones quæ, *libro VI,*
de Actionibus, Publicianam indicant, præterita rei vindicatione. Arbitraria dicitur, quia formula permittitur judici ex bono et æquo
arbitrari quemadmodum actori satisfieri oporteat; ideoque tantum condemnabit, si is cum quo agitur actori non satisfaciat restituendo rem. Quo arbitrio utriusque litigantium utilitati consulitur;
actoris quidem, quoniam rem ipsam obtinebit vel consentiente adversario, vel manu militari, si fieri possit restitutio; et etiam possessoris qui, restituendo rem, duram condemnationem effugiet.

Hujus judicii *præparatoria* sunt hæc : Is qui destinavit rem petere, consilio Gaii animadvertere debet an aliquo interdicto possit
nancisci possessionem, quia longe commodius est ipsum possidere
et adversarium ad onera petitoris compellere, quam alio possidente
petere. Non tamen habet actor necesse interdictum ab initio pos-
tulare; ideo enim quod actionem de dominio edidit, adversarium
possessorem esse non confessus est. Præterea, antequam formulam
petat, animadvertere debet utrum directam habeat vindicationem,
an utilem. Porro directa rei vindicatio tantum domino ex jure Quiritium competit; Publiciana autem ei cujus *in bonis* res est, aut cui
res *a non domino* tradita est, necdum usucapta, ut infra videndum.

Vindicationes utiles a Prætore sæpius dantur, veluti prædiorum
provincialium possessori, quæ prædia usucapionem non recipiunt,
sed tantum longi temporis præscriptionem ;

Superficiario, id est ei qui in alieno loco superficiem ita habet ut
certam pensionem præstet, datur a Prætore in rem actio utilis, causa
cognita; quod sic intelligendum est : si ad perpetuum vel non mo-
dicum tempus superficiem conduxerit.

His qui in perpetuum fundum fruendum conduxerunt a muni-
cipibus, quamvis non efficiantur domini, tamen placuit competere
in rem actionem, quæ utilis est, adversus quemvis possessorem,
sed et adversus ipsos municipes, ita tamen si vectigal solvant.

Si quis in aliena tabula pinxerit ac eam possideat, utilis actio domino tabulæ adversus eum datur; sic de arbore quæ in alienum agrum translata coaluit et radices immisit.

Si quid mobile alienæ rei junctum sit ita ut tuum permanserit, *ad exhibendum* agere oportet ut separetur et separatum vindicabis, quod non si *ferruminatio* fuerit. De tigno ædibus alienis juncto, nec directa nec utilis domino tigni rei vindicatio competit, neque ad exhibendum actio, nisi adversus eum qui sciens alienum junxit ædibus ; hoc enim tignum lex XII Tab. solvere vetat his verbis : TIGNUM JUNCTUM ÆDIBUS VINEÆQUE et CONCAPES NE SOLVITO. Quo casu specialis actio in duplum domino materiæ competit, quæ *de tigno juncto* appellatur. Sed diruto ædificio, dominus, si non fuerit duplum jam persecutus, materiam vindicare poterit.

In omnibus vero casibus in quibus nec directa nec utilis in rem actio, nec ad exhibendum, nec alia specialis de re persequenda competit, v. g. in ferruminationis casu, in factum actio necessaria est.

Cum autem In rem agitur, in possessione manet reus, modo satisdet JUDICATUM SOLVI, ut si victus erit, nec rem ipsam restituat, nec litis æstimationem sufferat, actori sit potestas aut cum eo agendi aut cum sponsoribus. Quæ quidem satisdatio tres clausulas in unum collatas habet, de *re judicata*, de *re defendenda*, de *dolo malo*. Actor vero, si suo nomine vel per cognitorem agat, satisdare non cogitur. Sin autem procurator agat, satisdare jubetur RATAM REM DOMINUM HABITURUM.

His expositis, nobis incumbit ut videamus : 1° cui competat actio directa ? 2° de quibus rebus ? quæ ambo ad formulæ *intentionem* se referunt; 3° adversus quem ? 4° quas præstationes reus actori debeat ? quæ ambo in judicis *arbitrio* continentur; 5° quid sit vicissim reo ab actore præstandum ? quod ad formulæ *exceptiones* se refert; 6° quid eveniat si arbitrio judicis non satisfaciat reus ? quod ad formulæ *condemnationem*.

Cui competat actio ?—Competit rei vindicatio domino qui possessionem amisit; nec interest quo modo rei dominium acquisierit, utrum titulo universali an singulari, utrum jure civili, scilicet per mancipationem, in jure cessionem, usucapionem, adjudicationem aut legem, an jure gentium per traditionem. Non satis est vero si petitoris *in bonis* res sit, quo casu Publiciana tantum competit, sed dominus *ex jure Quiritium* esse debet. Parum vero refert irrevocabile habeat dominium an revocabile, solus sit dominus an rem cum aliis communem habeat. Si quis pro parte dominus sit, suæ duntaxat partis vindicatio ei quidem competit. Recte vero dicimus eam rem totam nostram esse, cujus ususfructus alienus est, vel cui aliena res ita adjecta sit ut pars nostra intelligatur. Is ergo gregis dominus est cujus major numerus est capitum, et gregem sine plus-petitione vindicare poterit; quo casu tamen in restitutionem non venient aliena capita.

Sufficit autem vindicantem litis contestatæ tempore dominum esse.

Is cui in diem addictus sit fundus, antequam adjectio sit facta, in rem actione uti poterit; an vero potest post adjectionem? Quæstio est sicut et de donatione mortis causa, si convaluerit vel de prælio aut peregre redierit donator.

Quæ per rei vindicationem petantur? —Vindicari possunt omnes res singulæ tam mobiles quam immobiles, quæ in dominio habentur. Petuntur et res quæ gregatim habentur, scilicet grex, armentum et similia. Idem juris est de parte rei, si modo certa sit; itaque debet actor in intentione formulæ designare rem, et utrum totam an partem et quotam petat, uti opportunum fuerit, pondus, numerum, mensuram, aut speciem indicare. Quinimo et incertæ partis actio datur, si justa subsit ignorantiæ causa.

Peculium non ut grex vindicatur, sed singula corpora debent peti : peculium enim non corporis, sed juris nomen est.

Liberæ quoque personæ vindicari non possunt; attamen pater, qui jure potestatis dominus est familiæ, recte filium suum adversus extraneum vindicat, expressa dominii causa, scilicet *ex jure Quiritium*.

Res sacræ, religiosæ et quæ eis adhærent, quasi nostra peti nequeunt actione in rem, quia non sunt in patrimonio.

Extinctæ res vindicari non possunt; sed quod ex re nostra superest nostrum est, et in hac actione venit.

Adversus quem ?—Datur rei vindicatio adversus eum qui rem vindicatam possidet, aut quoquo modo tenet, et habet restituendi facultatem.

Sed et is quoque tenetur qui ante litem contestatam dolo fecit quominus possideret.

Tenetur etiam reus qui litis contestatæ tempore non possidebat, quo autem judicatur possidet.

Is qui se obtulit rei defensioni sine causa, cum non possideret nec dolo fecisset quominus possideret, nesciente actore, hac actione tenebitur, si usque ad litem contestatam in mendacio perseraverit. Si tamen, cum a vero possessore petere vellem, aliquis dixerit se possidere, et ideo se liti obtulerit, et hoc ipsum in re agenda testatione probavero, tenetur omnimodo, id est sive sciam reum non possidere, sive ignorem. Cum is qui se rei vindicationi obtulerit damnatus sit, nihilominus a possessore recte res petetur.

Conventus, in rem actionem pati non compellitur. Licet enim cuique dicere *se non possidere;* quod si falsum probaverit petitor, transferet ad se possessionem per judicem, etsi suam esse non adprobaverit : eaque ratione hactenus is qui rem non defenderit punietur, ut necesse habeat petitoris partes sustinere.

In rem actio non in hæredem datur; ideo possessoris hæres non quatenus est hæres tenetur, sed quatenus ipse possideat, nisi fuerit lis cum defuncto contestata; nam omnes actiones quæ tempore vel morte pereunt, semel inclusæ judicio, salvæ manent. Cum autem, ante litem contestatam, dolo malo fundum possidere desiit defunctus, hæredes ejus in rem quidem actionem suscipere cogendi non sunt, sed in factum actio adversus eos reddi debebit, per quam restituere cogantur quanto locupletes ex ea re facti fuerunt.

Restitutiones. — Cum probaverit actor se rei petitæ dominum esse, et judex rem petitoris esse declaraverit, nulla exceptione opposita, rei vindicationis arbiter de restitutione interlocuturus est. Non solam rem ipsam restituere debet possessor, sed et omnem rei causam, id est omne quod habiturus foret petitor, si eo tempore quo judicium accipiebatur, restituta illi res fuisset. Ideo veniunt in hanc restitutionem fructus fundi, partus ancillarum, fœtus pecorum, quidquid per alluvionem accessit, hæreditates per servum perceptæ; omnia tandem quæ pér rem petitam, non ex re sua, acquisivit possessor.

Quod si dolo aut culpa possessoris res deterior facta sit, veluti debilitatus, vulneratus, verberatusve homo, ratio haberi debet per judicem quanto deterior sit, nisi malit actor potius legis Aquiliæ actione uti; itaque electio actori danda est, non ut triplum, sed duplum consequatur. Si possessor rem ex necessitate distraxit, per officium judicis ei fortasse succurretur ut rei tantum distractæ pretium præstet. Item si sine dolo aut culpa evictus sit reus et aliquid ab evincente acceperit. Quod si, sine dolo nec culpa possessoris, petita res perierit aut petitus homo fato mortuus sit, non præstandum est pretium, nisi forte rem aut hominem venalem distracturus foret petitor, si accepisset, quo casu moram passo præstare debet reus.

Quoad fructuum restitutionem, naturali ratione placuit inter bonæ et malæ fidei possessorem distinctionem adhiberi. Is qui, sciens, fundum alienum possidet, non solum fructus etiam consumptos præstare cogitur, sed et eos qui vel ante vel post litis contestationem percipi honeste potuerunt. Similiter, et si bonæ fidei possessor fuerit, omnes hos fructus præstare debet reus ex eo tempore quo inchoata est petitio. Circa vero fructus ab eo ante litem contestatam perceptos, controversia est. Nostra sententia, perceptione sola, absque usucapione, suos facit fructus possessor qui bona fide singulos percepit, nec quærendum est ex operis suis adquisierit, necne. Quorum interim dominus est et eos vindicare, distrahere, consumere potest. Cum tamen judicis sententia victus erit, æquitatis ratione extantes fructus restituere debebit iste possessor.

Fructus pendentes litis contestatæ tempore, non quasi fructus, sed quasi pars fundi vindicantur. Sed antea percepti non omnimodo in judicium veniunt. Hoc enim discrimen est inter id quod ante acceptum judicium, et id quod postea perceptum est : hoc, officio judicis, restituendum venit; illud, non nisi petitum fuerit.

Facienda est statim restitutio. Si tamen in præsente neget possessor restituere posse, et justam causam videatur allegare, veluti si per filium aut servum nunc absentem possideat, vel tempus dandum vel cavendum est de possessione restituenda. Quod si possessor, contendens se non posse restituere, tamen habeat rem, manu militari officio judicis ab eo possessio transfertur, nisi litis æstimationem maluerit actor.

Restitui debet res mobilis ubi est, nisi malit dominus eam, suis impensis et periculo, ubi vindicatur sibi restitui. Imo, si malæ fidei possessor ab eo loco ubi lis contestata est, rem alio transtulerit, illic restituere debet unde subtraxit, sumptibus suis.

Possessor qui restituit, si bonæ fidei sit, de dolo solo cavere debet ; si malæ fidei, etiam de culpa. Ideo si post acceptum judicium possessor rem usucepit, debet eam tradere eoque nomine de dolo cavere; periculum est enim ne eam pigneraverit.

Ex actoris parte præstationes. — Quædam sunt quæ nisi petitor reo præstare paratus sit, doli mali exceptione summovetur, nulla tamen actione ex his causis data.

Reo qui rem restituturus est cavendum est ab actore : His rebus recte præstari, id est ne quod periculum vel damnum ex ea re sentiat, si quid ei ob possessionem immineat periculi, v. g. si *damni infecti* cavit; si simul a duobus in rem convenitur; si dum petitur servus, eodem tempore servi nomine *furti* agitur, etc.

Impensæ necessariæ in rem factæ a petitore præstandæ sunt, sive bonæ sive malæ fidei sit possessor. Ideo si prædium petitoris creditori pignori datum fuerit, possessor qui illud a non domino emit, aliter domino restituere non cogitur quam si pecuniam receperit sortis usurarumque nomine solutam. Ex die autem solutionis, usuris novis duntaxat prædii fructus compensari æquum est.

Quod ad impensas utiles et voluptarias attinet, distinguendum : malæ fidei possessori, stricto jure, non præstandæ sunt; benignius tamen in usu fuisse videtur ut ea tolleret quæ, sine dispendio domini, tolli possint. Bonæ fidei vero possessori ab actore præstandum quod minus est, sive quod impensum est, sive quo pretiosior res facta est. Quod si tamen pauper sit dominus, nec receptum fundum mox venditurus sit, sufficit possessori permitti tollere ex his rebus quæ possit; imo constitutum est ut si paratus sit dominus tantum dare quantum habiturus est possessor, his rebus ablatis, fiat ei potestas.

Cæterum possessori impensas refundere non debet dominus, nisi prius deductis fructibus perceptis, sive eos lucretur, sive non.

Condemnatio.—Re non restituta, nec consentiente reo nec manu militari, interveniet judicis sententia; ubi distinguendum :

Dolo malo fecit reus quominus possideret. Is quantum adversarius in litem, sine ulla taxatione in infinitum, juraverit, condemnandus est, nisi a judice præfinita fuerit certa summa usque ad quam juretur. Quod si vero actor, nimia animi anxietate, jurare non vult, sed quanti res sit adversarium condemnari voluit, mos ei gerendus est. Reo cæterum petitor de evictione cavere non cogitur rei nomine cujus æstimationem accepit; nam sibi reus imputare debet rem non restitutam esse. Is hoc quoque nomine punitur quod actor cavere ei non debet actiones quas ejus rei nomine habeat se ei præstaturum. Nec Publicianam actionem ei dandam placuit, ne in potestate cujusque sit per rapinam, ab invito domino, rem comparare. Qua vero in causa, post litis æstimationem, futurus sit reus, valde quæritur?

Is qui in rem conventus est, etiamsi bonæ fidei possessor fuerit, culpæ nomine, si qua est, nihilominus tenebitur. Non videtur culpa fecisse bonæ fidei possessor qui antequam conventus foret, re mala usus est; secus post conventionem. Quod si sine justa erroris causa litigaverit, in mora erit et fatum pro culpa habebitur. Idem dicendum de eo qui servum a se petitum per insidiosa misit, si is periit, aut in arena esse concessit, si mortuus sit, aut non custodit si custodiendus fugit; de eo quoque qui navem a se petitam adverso tempore navigatum misit, si ea naufragio perempta sit. Quoties culpa est, petitori reus præstare debet omne quod habiturus foret ille si res non periisset, id est litis a judice æstimationem et fructus ad rei judicandæ tempus. Non aliter vero a judice condemnandus est quam si caverit actor *quod per se non fiat possessionem ejus non traditum iri*. Quin etiam audiendus erit a judice si desideret *ut adversarius ei actionibus suis cedat*. Quibus factis, pro emptore habebitur reus et dominium adipiscetur cum, voluntate actoris, rei possessionem nactus fuerit.

Is qui nec dolo nec culpa fecit quominus possideret, nec in mora est, absolvitur. Quin etiam, si ante fatum res dolo possessoris deterior facta fuerit, æstimatio non fiet ejus quod deteriorem eam fecerat, quia nihil interest petitoris; fructus vero, ante fatum percepti, restituendi sunt. Imo actori *actionibus suis cedere debet* reus, si rem usucepit, cavereque *si rem nactus fuerit ut eam restituat*.

Notandum est denique quod semper judex de dominii quæstione statuere debet, etiamsi absolvatur reus, propter stipulationem *de evictione*, id est ut qui victus fuerit recurrere possit ad eum a quo rem emerit.

DE PUBLICIANA IN REM ACTIONE.

Honorariam hanc actionem, ad instar civilis rei vindicationis, proposuit Prætor Publicius ad usum eorum qui rei, nondum quidem suæ, quam vero ex justa causa possidebant, possessione excidissent. In hujus actionis formula fictio continetur; nam dum nequeat actor rem ex jure Quiritium suam esse intendere, eam usucepisse fingitur, et quasi dominus factus esset, intendit hoc aut simili modo, ut ex Gaio repertum est : Si QUEM HOMINEM A. A. EMIT, ET IS EI TRADITUS EST, ANNO POSSEDISSET, TUM SI EUM HOMINEM DE QUO AGITUR, EJUS EX JURE QUIRITIUM OPORTERET, NISI N. N. RESTITUAT, QUANTI EA RES ERIT N. N. A. A. CONDEMNA. Inde apparet in Publiciana actione plurima eadem esse quæ et in rei vindicatione diximus. Duæ vero differentiæ videndæ sunt.

Cui competat Publiciana ?—Prætor, in edicto, actionem his verbis pollicetur, ut referunt Pandectæ : *Si quis id quod traditur ex justa causa, non a domino, et nondum usucaptum petet, judicium dabo.* Quæ vero verba *a non domino* interpolata fuisse videntur. Unde potest conjectura capi Publicianam a Prætore datam fuisse non tantum eis qui rem a non domino acceperint, sed et eis qui rem mancipi *in bonis* haberent. Ergo, ante impletam usucapionem, amissa possessione, ei competit Publiciana qui justam habuit causam traditionis, ergo et usucapionis, veluti : cui dotis nomine, vel solvendi causa vel ex causa noxæ deditionis, aut judicati tradita fuerit res, vel qui servum ex causa noxali, quia non defendebatur, jussu Prætoris duxerit, vel cui res mortis causa donata aut per vindicationem legata, aut adjudicata fuerit, vel qui litis æstimationem obtulerit et solverit. Emptori quoque, amissa possessione, competit Publiciana, qui bona fide emit, et cui res eo nomine tradita est, sive servus emerit, sive tutor, sive procurator vel quis alius negotium gerens; de pretio vero soluto nihil in edicto exprimitur. Quæcumque tandem sunt justæ causæ adquirendarum rerum, si quis ex his causis nactus res amiserit, earum rerum persequendarum gratia, ei dabitur Publiciana ; nec ei tantum qui est in causa usucapiendi, sed ei quoque qui in ea causa est ut, si decem vel viginti annos possedisset, præscriptione longi temporis tutus esse posset.

Petitoris hæredi et honorariis successoribus hæc actio datur. Cæterum non oberit successori si dolo fecit, cum is in cujus locum successit bona fide emisset, nec proderit si dolo caret, cum emptor cui successit dolo fecisset.

Hæc occurrit quæstio : Si duo eamdem rem bona fide separatim emerint, quis magis Publiciana utetur ? Et siquidem ab eodem non domino emerint, potior erit cui priori res tradita fuerit, etsi possideat alter. Quod si a diversis non dominis, melior est causa possidentis quam petentis.

Adversus quem?—Publiciana in rem actione tenentur omnes adversus quos data foret civilis actio, si rem petitam jam usucepisset actor. Quinimo dominus ipse hac actione tenetur. Publiciana tamen non ideo comparata est ut res domino auferatur, sed ut is qui, ex justa causa possessionem nactus sit, eamque amiserit, potius rem habeat. Ideo si dominus sit qui possidet, Publicianæ objicienda est *justi dominii* exceptio, ut sic : *Si ea res possessoris non sit.* In qua exceptione, sicut in cæteris, reus partes actoris sustinet, et hoc uno casu possessor se dominum esse probare debet. Quæ quidem exceptio domino non proderit, si qua subjecta fuerit replicatio ; ut puta : Possessor rem olim et antequam dominus foret, petitori vendiderat et tradiderat, eoque nomine tenebatur præstare rem ei habere licere ; eum interea dominum factum vincet petitor exceptioni *justi dominii* subjecta replicatione *rei venditæ et traditæ.* Si quis rem quæ ipsius voluntate a procuratore fuerit distracta, ex causa venditionis tradi prohibuit, et is nihilominus tradiderit, emptorem Publiciana agentem tuebitur replicatio : *Si non auctor meus ex voluntate tua vendidit.*

DE NOVO JURE.

Diocletiani et Maximiani tempore, omnino sublatæ sunt formulæ, nec amplius datur judex, sed ipse Prætor semper extra ordinem cognoscit. Inde in rei vindicatione plura mutata sunt.

Hoc primum occurrit quod, ex eo tempore, nulla est deinceps arbitrariæ interlocutionis utilitas : condemnatio enim jam non necessario pecuniæ, sed rei ipsius fieri potest.

Ex Constantini constitutione, si quis alieno nomine rem petitam teneat, debet statim in judicio dominum nominare. Intra præfinitum tempus ei denuntiatur adesse causæ, quo elapso, si citatus non adfuerit, mittitur actor in possessionem, omni allegatione de principali quæstione absenti servata.

Id quoque Honorii et Theodosii temporibus circa satisdationem receptum est, ut reus non ultra satisdare *judicatum solvi* coactus sit, sed pro sua tantum persona *judicio sisti*. Et in hanc finem, vel committitur suæ promissioni cum jurejurando, quæ juratoria cautio vocatur, vel nudam promissionem, vel satisdationem, pro qualitate personæ suæ, dare compellitur.

Hoc tandem notandum est quod lex XII Tab. malæ fidei possessorem duplorum fructuum pœna adficiebat, his verbis : Si vindiciam falsam tulit, rei sive stlitis prætor arbitros tres dato; eorum arbitrio *fructus duplione* damnum decidito. Quam pœnam duplorum fructuum, ut ex Theodosiano codice apparet, Valentinianus et Valens non solum in malæ fidei possessores confirmavere, sed et in bonæ fidei possessorem a die accepti judicii. Quæ vero a Justiniano tacite sublata est.

Quod ad Publicianam specialiter attinet, cum Justinianus omne sustulisset discrimen inter dominos *ex jure Quiritium*, et eos qui res *in bonis* haberent, inde consequitur ut hæc actio his tantum nunc prosit qui rem a non domino, ex justa causa, acceperint.

DROIT FRANÇAIS.

DE LA PROPRIÉTÉ.

Considéré sous le point de vue philosophique, le droit de propriété peut-il être sérieusement contesté?

C'est pour le genre humain que Dieu a créé la terre et tout ce qu'elle renferme (1). Sur ce point, les philosophes et les stoïciens eux-mêmes sont d'accord avec les livres bibliques (2).

La raison d'ailleurs ne permet pas de douter de cette vérité pre-

---

(1) Dieu a dit à nos premiers parens : Croissez et multipliez, et remplissez la terre, et *l'assujettissez*, et *dominez* sur les poissons de la mer, et sur les oiseaux des cieux, et sur toute bête qui se meut sur la terre. (*Genèse*, chap. 1, 28.)

(2) Chrysippe a très-bien dit que tout a été créé pour les hommes, etc. (Cicéron, *des Biens et des Maux*, l. 3, chap. 20.)

Soit que nous considérions la raison naturelle qui nous dit que les hommes ont droit de se conserver, et conséquemment de manger et de boire, et de faire d'autres choses de cette sorte, selon que la nature leur fournit des biens pour leur subsistance, soit que nous consultions la Révélation, qui nous apprend ce que Dieu a accordé, en ce monde, à Adam, à Noé et à ses fils, il est toujours évident que Dieu, dont David dit « qu'il a donné la terre aux fils des hommes, » a donné en commun la terre au genre humain. (Loke, *du Gouvernement civil*, chap. 4, *de la Propriété des choses*.)

mière. L'homme, en naissant, n'apporte que des besoins ; il est
chargé du soin de sa conservation ; il ne saurait vivre sans con-
sommer ; il a donc un droit naturel aux choses nécessaires à sa subsistance et à son entretien (1).

De là le droit d'*occupation*, exercé dès l'origine,

Sur les animaux créés pour les besoins de l'homme,

Sur les fruits spontanés de la terre.

Suivant quelques traditions historiques, avant l'établissement des
sociétés, les hommes, répandus sur le globe, vivaient dans un état
de *communauté négative* (2), en ce sens que les choses étaient à
tous, sans qu'aucun prétendît à un droit exclusif au-delà de ses besoins personnels.

Suivant d'autres, il y eut des propriétaires dès qu'il y eut des
hommes. Si nous découvrons, a-t-on dit, le berceau des nations,
nous trouvons dans tous les temps et partout des traces du droit
individuel de propriété. Le sauvage n'est-il pas maître du gibier
qu'il a tué et des fruits qu'il a cueillis pour sa nourriture, de la four-
rure ou du feuillage dont il se couvre pour se prémunir contre les
injures de l'air?

Ces deux systèmes se touchent. Dans l'un comme dans l'autre, il
faut reconnaître à l'homme de la nature le droit de s'*approprier* les
choses créées pour les besoins de sa conservation.

Le *travail* est aussi l'un des principes créateurs du droit de propriété, et sans doute le plus légitime. L'homme industrieux qui
peut ajouter quelque chose à l'ouvrage de la nature, doit être le
maître du produit de son intelligence et de ses labeurs ; que s'il a

----

(1) Comme c'est pour notre usage que Dieu a fait tout cet univers, et qu'il de-
soins tout ce que contiennent la terre et les eaux, etc. (Domat, *Lois civiles.*)

(2) Puffendorf, *Droit de la nature et des gens*, liv. 4, chap, 4, § 2 ; Wolff, *Droit naturel*, part. 2,
§ 104 ; et Heineccius, *du Droit naturel*, liv. 1, § 233.

occupé et cultivé pour ses besoins quelque parcelle de la terre, les fruits qu'il a ainsi créés, pour ainsi dire, ne peuvent lui être disputés sous le prétexte que la terre est commune (1).

L'occupation, fortifiée par une série de travaux personnels, n'a-t-elle pas, avec le temps, conféré un droit légitime de préférence sur le sol même?

Est-il vrai que la prétention du premier occupant à la propriété du terrain qu'il avait lui-même rendu productif, n'ait été qu'une usurpation (2)? que l'homme n'ait pu devenir propriétaire d'une portion quelconque du sol, parce que, dit-on, les fruits sont à tous et la terre à personne (3)?

Ne peut-on pas dire, au contraire, avec l'orateur romain, que la terre était, dans le principe, comme un vaste théâtre où chaque spectateur prend par l'occupation une place qui lui reste propre (4)?

N'est-il pas plus exact de penser que la terre ayant été créée pour l'existence de l'homme, et l'homme chargé de sa conservation, celui qui le premier a défriché un sol aride, qui l'a péniblement

---

(1) Les gerbes donnent à ceux qui les font croître le courage de les défendre. Elles sont dans les champs comme un prix, au milieu du jeu, pour le vainqueur. (Xénophon, *traduction de Bernardin de Saint-Pierre.*)

(2) « Ce chien est à moi, disaient ces pauvres enfans; c'est là ma place au soleil. » Voilà le commencement et l'image de l'*usurpation* de toute la terre. (Pascal, *Pensées,* 1re partie, art. 9, § 53.)

(3) Le premier qui, ayant enclos un terrain, s'avisa de dire : *Ceci est à moi,* et trouva des gens assez simples pour le croire, fut le vrai fondateur de la société civile. Que de crimes, de guerres, de meurtres, que de misères et d'horreurs n'eût point épargnés au genre humain celui qui, arrachant les pieux ou comblant le fossé, eût crié à ses semblables : « Gardez-vous d'écouter cet imposteur; vous êtes perdus si vous oubliez que les fruits sont à tous et que la terre n'est à personne. » (Jean-Jacques Rousseau, *Discours sur l'inégalité,* 2e partie.)

(4) Comme dans un théâtre, quoique ce soit un lieu public, on ne laisse pas de dire que la place que chacun y occupe est sa place, de même aussi dans une cité, dans cet univers, habitation commune de tous les hommes, chaque individu ne conserve pas moins ses droits et sa propriété. (Cicéron.)

fécondé pour ses besoins personnels, a pu en acquérir la propriété pour prix de ses fatigues (1)?

Que fût devenu le genre humain sans cet encouragement aux travaux de l'agriculture? qui eût voulu se donner la peine de cultiver s'il n'eût pas eu la certitude de recueillir? Ou la terre fût demeurée stérile, et les productions spontanées du sol n'eussent pu suffire qu'à des hordes errantes de sauvages uniquement occupées à tout détruire pour fournir à leur consommation ; ou elle eût fini par se couvrir de forêts et se peupler d'animaux destructeurs, nuisibles à la propagation du genre humain. De toutes manières l'homme eût manqué le but pour lequel il a été créé.

Le droit de propriété a donc été reconnu ou institué par les considérations les plus puissantes. Qu'il ne soit qu'une institution sociale (2), ou qu'il résulte des lois mêmes de la nature, comme

---

(1) La principale matière de la propriété n'étant pas à présent les fruits de la terre ou les bêtes qui s'y trouvent, mais la terre elle-même, laquelle contient et fournit tout le reste, je dis qu'au regard des parties de la terre, il est manifeste qu'on ne peut acquérir la propriété en la même manière que nous avons vu qu'on pouvait acquérir la propriété de certains fruits. Autant d'arpens de terre qu'un homme peut labourer, semer, cultiver, et dont il peut consumer les fruits pour son entretien, autant lui en appartient-il en propre. Par son travail, il rend ce bien-là son bien particulier, et le distingue de ce qui est commun à tous. Et il ne sert de rien d'alléguer que chacun y a autant de droit que lui, et que, par cette raison, il ne peut se l'approprier, ni l'entourer d'une clôture et le fermer de certaines bornes sans le consentement de tous les autres hommes, lesquels ont part comme lui à la même terre commune. Il ne sert de rien, dis-je, d'objecter cela ; car, lorsque Dieu a donné en commun le monde au genre humain, il a commandé en même temps à l'homme de travailler, et les besoins de sa condition requièrent assez qu'il travaille. Le Créateur et la raison lui ordonnent de labourer la terre, de la semer, d'y planter des arbres et d'autres choses, de la cultiver pour l'avantage, la conservation et le plaisir de sa vie, et lui apprennent que cette portion de terre dont il prend soin devient, par son travail, son héritage particulier............ auquel nul autre ne peut rien prétendre et qu'il ne peut lui ôter sans injustice. (Loke.)

(2) Lorsque les anciens ont donné à Cérès l'épithète de législatrice, et, à une fête célébrée en son honneur, le nom de Thesmophorie, ils ont fait entendre par là que le partage des terres a produit une nouvelle sorte de droit, c'est-à-dire le droit de propriété, différent de celui qui résulte de la loi naturelle. (Grotius.)

De la culture des terres s'ensuivit nécessairement leur partage, et de la propriété une fois

on l'a proclamé en France (1), il n'en est pas moins vrai que son application remonte à la plus haute antiquité, et que l'expérience de tous les âges a justifié le principe.

C'est la propriété qui a fondé les sociétés humaines sans qu'on puisse justement lui imputer les maux qui désolent la terre ; c'est elle qui a vivifié, étendu, agrandi notre propre existence. La propriété étant le prix des travaux accomplis, et un appel aux travaux à venir, c'est elle qui a dirigé l'industrie de l'homme vers l'agriculture et les arts, principales bases de la prospérité publique. En un mot, elle est devenue un élément essentiel de toute société ; à ce titre elle a dû être entourée des plus grandes garanties. Du reste, elle n'est légitime qu'à la condition de s'exercer sur les choses et jamais sur les personnes.

Le principe de la propriété, proclamé par les lois de presque tous les pays, a résisté aux discussions des philosophes, comme à toutes les satires (2). Il survivra, n'en doutons pas, aux doctrines nouvelles qui voudraient s'attaquer, soit au principe en lui-même, soit à la transmission héréditaire de la propriété.

Acceptant la propriété comme un droit établi, le Code civil en fait

---

reconnue les premières règles de justice ; car, pour rendre à chacun le sien, il faut que chacun puisse avoir quelque chose ; de plus, les hommes commençant par porter leurs vues dans l'avenir, et se voyant tous quelques biens à perdre, il n'y en avait aucun qui n'eût à craindre pour soi la représaille des torts qu'il pouvait faire à autrui. Cette origine est d'autant plus naturelle, qu'il est impossible de concevoir l'idée de la propriété naissante d'ailleurs que de la main-d'œuvre ; car on ne voit pas ce que, pour s'approprier les choses qu'il n'a point faites, l'homme y peut mettre de plus que son travail. C'est le seul travail qui, donnant droit au cultivateur sur le produit de la terre qu'il a labourée, lui en donne par conséquent sur le fonds, au moins jusqu'à la récolte, et ainsi d'année en année ; ce qui, faisant une possession continue, se transforme aisément en propriété. (Jean-Jacques Rousseau.)

(1) Constitution du 3 septembre 1791, art. 2.

(2) Horace, liv. 2, sat. 2. — Boileau, *Sat. de l'homme.* — Montaigne, liv. 2, chap. 12. — La Fontaine, liv. 7, fable 16.

de nombreuses applications dans son livre premier *des Personnes*. Au livre deuxième, avant de définir ce droit, d'en indiquer l'étendue, le Code s'attache à la distinction des choses sur lesquelles il peut s'exercer, et qui prennent ainsi la dénomination de *biens*.

Qu'est-ce qu'un bien ? La loi ne le dit pas ; la doctrine doit l'établir.

Le mot *choses* est le mot de la physique, indiquant tous les êtres sous le rapport de leurs élémens, leurs formes, leurs propriétés. L'air, la mer, sont des choses et non des biens, encore que chaque homme en jouisse. Les animaux sauvages sont des choses tant qu'ils jouissent de leur liberté naturelle.

Le mot *biens* est le mot du droit ; il indique tous les êtres sous le rapport du droit de puissance que l'homme peut avoir sur eux. Il implique l'idée de propriété et comprend nécessairement tout ce qui tombe dans le domaine de l'homme, tout ce qui est susceptible de produire pour les personnes une utilité, un avantage exclusif. Le domaine ne se borne point à ce qui est matériel, il embrasse aussi certains êtres de raison qui ne consistent eux-mêmes que dans un droit.

Considérés en eux-mêmes, d'après la nature qui leur est propre ou que la loi leur attribue, tous les biens sont divisés en deux grandes classes : meubles, immeubles. La distinction n'avait pas une grande importance dans le droit romain, qui n'avait établi que peu de différences entre ces deux sortes de biens. Notre ancien droit coutumier, au contraire, attachait la plus grande importance à distinguer les meubles des immeubles, qui se divisaient ensuite en propres, acquêts ou conquêts ; les propres, en paternels et maternels, en réels et fictifs ; ceux-ci, en parfaits et imparfaits, et conventionnels, etc. Les motifs du droit coutumier n'existent plus, et néanmoins la division du Code est encore d'une grande importance dans notre droit qui contient une foule de dispositions différentes, selon qu'il s'agit de meubles ou d'immeubles. Les principales différences sont celles qui ont rapport à l'application des lois, à la capacité du mineur et de la femme mariée pour aliéner, aux règles du contrat de mariage, aux modes d'acquisition, au droit d'hypothèque, aux formes de procédure, etc. Au surplus, la plupart de ces différences paraissent se rattacher à un principe commun, savoir : que la propriété des immeubles, plus stable et sous ce rapport plus avantageuse que celle des meubles, doit être plus spécialement protégée. Remarquons pourtant que le Code ayant déclaré meubles toutes les rentes, toutes les actions dans les compagnies de finance, de commerce, etc., et le développement progressif de l'industrie ayant de nos jours créé d'immenses fortunes mobilières, une révision, par rapport aux meubles incorporels principalement, serait peut-être désirable, surtout quant à leur attribution à la communauté entre époux.

Après avoir précisé avec détail quels biens sont meubles, quels sont immeubles, le Code les considère dans leur rapport avec ceux qui les possèdent, et qui, par là même, sont réputés propriétaires. Il les divise en deux classes distinctes, selon qu'ils appartiennent ou non à des particuliers : cette division, au reste, n'a d'autre objet que de soumettre les biens à des règles différentes, quant à leur administration et à la faculté d'en disposer.

Les biens qui n'appartiennent pas à des particuliers sont régis par des règles spéciales; c'est là un des objets du droit public ou administratif. Quels sont ces biens? Les articles 538 à 542 devaient l'expliquer; mais l'énumération qu'ils contiennent est à la fois inexacte et incomplète.

La première classe doit comprendre tous les biens qui appartiennent à la nation, lesquels se subdivisent en biens du domaine public, du domaine de l'Etat, du domaine de la couronne.

Font partie du domaine public toutes choses qui, par leur nature ou leur destination, sont affectées à un service public incompatible avec le droit exclusif résultant d'une propriété privée. Par exem-

4

ple : les chemins, routes et rues, à la charge de l'Etat; les fleuves
et rivières navigables ou flottables, les rivages, lais et relais de la
mer, les ports, les havres, les rades (538), les portes, murs, fossés,
remparts des places de guerre et des forteresses (540). Ces espèces
de biens sont placés hors du commerce, d'après leur destination, et
ne peuvent être aliénés, hypothéqués ni prescrits.

Appartiennent à l'Etat, et non au domaine public, tous les biens
vacans et sans maître, et ceux des personnes qui décèdent sans hé-
ritiers ou dont les successions sont abandonnées (539). Il en est de
même des terrains, des fortifications et remparts des places qui ne
sont plus places de guerre (541); ce qui doit s'appliquer également
à toutes les dépendances du domaine public qui ont cessé d'être affectées à un service public (1). Il en est encore ainsi des îles, îlots et at-
térissemens qui se forment dans le lit des fleuves ou des rivières navigables ou flottables (560). Ces biens peuvent être possédés privati-
vement, soit par l'Etat, soit par des particuliers. Ils sont aliénables et
prescriptibles ; mais leur aliénation par l'Etat ne peut avoir lieu
qu'en vertu d'une loi, si ce n'est quant aux biens possédés par un
mort civilement au jour de sa mort naturelle, dont il peut être dis-
posé par ordonnance, au profit de la veuve, des enfans ou parens
du condamné (33).

Font partie du domaine de la couronne, les biens affectés par
la nation à la dotation du souverain (2). (Lois des 8 novembre
1814 et 2 mars 1832.) Ils sont inaliénables et imprescriptibles. Le
souverain n'en a, à vrai dire, que l'usufruit.

Une seconde clase de biens n'appartenant point à des particuliers, comprend les biens communaux. Ce sont ceux à la proprieté
ou au produit desquels les habitans d'une ou plusieurs communes

---

(1) Par exemple, le port d'Harfleur, d'où la mer s'est retirée.

(2) Le domaine du souverain consiste aux biens et aux droits que lui donne cette qualité.
(Domat.)

ont un droit acquis. Ces biens sont de deux sortes : les uns, affectés à un service public, sont inaliénables et imprescriptibles; les autres, propriété privée de l'être moral appelé commune, sont régis par des règles appropriées à l'état de la communauté propriétaire.

Ajoutons une troisième classe, les biens des établissemens publics, reconnus ailleurs par le Code lui-même (art. 910, 937, 1712, 2227); ce qui comprend les hospices, l'Université et les établissemens ecclésiastiques.

Les biens ainsi distingués, quels sont les différens droits que l'on peut avoir sur ceux susceptibles de propriété privée? Le Code réduit à trois les droits *réels*, ceux qui affectent la chose même, savoir : *propriété*, simple droit de *jouissance* (c'est-à-dire servitude personnelle, ce qui comprend l'usufruit, l'usage et l'habitation), et *services fonciers* ou servitudes prédiales (543).

Cette disposition est-elle limitative?

Sans doute le droit d'hypothèque, quoique qualifié droit *réel*, n'est point, comme les servitudes personnelles ou prédiales, une modification de la propriété. Quant au droit du locataire ou fermier, ce n'est qu'une créance, nonobstant l'art. 1743; on peut soutenir qu'il en est encore ainsi des droits d'emphytéose, de champart et autres semblables.

Mais la *possession* n'est-elle pas un droit réel?

Dans le droit naturel, la possession et la propriété peuvent se confondre; mais les lois sociales ont séparé le fait de possession du droit de propriété, de telle sorte qu'on a pu posséder, sans être propriétaire, et réciproquement; puis de ce fait de possession, on a fait un droit; on a reconnu qu'on pouvait, sans être propriétaire, avoir le droit de posséder, qu'il y avait des effets à attacher à ce droit, et la possession devint à la fois de droit et de fait; on reconnut des manières de l'acquérir, de la conserver, de la perdre. Alors on divisa la possession en plusieurs espèces : simple détention qui resta

un fait, possession intentionnelle qui devint un droit ; puis celle ci
eut des effets différens, selon que le possesseur était de bonne ou de
mauvaise foi, suivant le titre et la durée de sa possession ; de là,
dans le droit romain, les interdits, l'usucapion, l'action publicienne.

Dans notre législation, la possession produit encore de nom-
breux effets : elle procure les actions possessoires ; elle dispense le
possesseur de toute preuve ; elle peut conduire à la propriété, donner droit aux fruits, procurer un droit de rétention vis-à-vis du
propriétaire lui-même. Pourrait-on refuser à la possession la dénomination de droit réel affectant la chose?

Etendue du droit de propriété.

Si la propriété n'est point du droit naturel primaire, du moins
est-elle du droit naturel secondaire ou droit des gens, car il n'y a
guère de peuples qui ne l'aient connue; mais chaque société, en acceptant le principe, a pu en régler l'étendue, les effets, suivant ses
mœurs et ses besoins. C'est ce qu'avaient fait les lois antérieures au
Code civil; c'est ce qu'a fait le Code lui-même, en proclamant le
principe que « la propriété est le droit de jouir et disposer des
choses de la manière la plus absolue, pourvu qu'on n'en fasse pas
un usage prohibé par les lois ou par les réglemens. »

Le droit de propriété, en France, est donc absolu et ne connaît
d'autres limites que celles qui lui seraient assignées par une disposition spéciale et expresse de la loi. C'est la différence du principe à l'exception.

En général, le propriétaire peut :

Se servir de sa chose sans en rien détacher, sans rien consom-
mer : c'est l'*usage ;*

En tirer tous les produits dont elle est susceptible, tout en
respectant l'existence de la chose même : c'est la *jouissance ;*

La transformer, la dénaturer : c'est la *modification ;*
L'utiliser de manière à l'anéantir : c'est la *consommation ;*
En abdiquer la propriété : c'est l'*aliénation.*

Tels sont les attributs de la propriété *parfaite.*

Les principales modifications du droit de propriété sont les servitudes, soit personnelles, soit prédiales. Il en est d'autres qui résultent des lois ou réglemens sur les mines, sur le régime forestier, les desséchemens, les établissemens dangereux, incommodes ou insalubres, sur l'alignement des rues, la hauteur des maisons, sur la prohibition de détruire certains biens, de vendre certaines marchandises, sur l'exportation, sur les tabacs, etc.

Le droit de propriété comprend virtuellement celui de conserver la chose envers et contre tous; il doit être respecté par la société elle même, à laquelle on ne peut reconnaître un *domaine éminent* (1), dans un but autre que celui de faire des lois de protection et de garantie. Toutefois, un intérêt public pressant peut exiger le sacrifice de quelque propriété particulière (2); mais la raison et l'équité veulent que le propriétaire dépossédé soit justetement indemnisé (3).

---

(1) Grotius, *de la Paix et de la Guerre ;* Puffendorf, *du Droit de la nature et des gens.*

(2) « Toutes choses étant faites pour l'usage de la société avant qu'aucune passe à l'usage des particuliers, ils ne les possèdent qu'à cette condition, que leur intérêt cédera à l'intérêt public dans les nécessités qui le demanderont. » (Domat.)

(3) « C'est un paralogisme de dire que le bien particulier doit céder au bien public. Cela n'a pas lieu dans les cas où il est question de la propriété des biens, parce que le bien public est toujours que chacun conserve invariablement la propriété que lui donnent les lois civiles. — Cicéron soutenait que les lois agraires étaient funestes, parce que la cité n'était établie que pour que chacun conservât ses biens. — Posons donc pour maxime que, lorsqu'il s'agit du bien public, le bien public n'est jamais que l'on prive un particulier de son bien, ou même qu'on lui en retranche la moindre partie par une loi ou réglement politique. — Dans ce cas, il faut suivre à la rigueur la loi civile, qui est le *palladium* de la propriété. — Si le magistrat politique veut faire quelque édifice public, quelques nouveaux chemins, il faut qu'il indemnise ; le public est à cet égard comme un particulier qui traite avec un particulier ; c'est bien assez qu'il puisse contraindre un citoyen de lui vendre son héritage, et qu'il lui ôte ce grand privilége qu'il tient de la loi civile, de ne pouvoir être forcé d'aliéner son bien » Montesquieu, *Esprit des lois,* liv. 26, chap. 16.)

Le Code civil a proclamé le principe que « nul ne peut être con-
» traint de céder sa propriété, si ce n'est pour cause d'utilité publi-
» que, et moyennant une juste et préalable indemnité. » Une loi
réglementaire du 8 mars 1810 avait modifié la disposition protec-
trice du Code, en permettant, dans un cas donné, la mise en possession de l'administration avant même l'évaluation des indemnités.
La Charte de 1814 avait rétabli le principe de l'indemnité préalable. La loi du 7 juillet 1833 forme aujourd'hui le Code de la
matière ; elle règle les cas d'utilité publique, les formes dans lesquelles cette utilité doit être constatée, celles qui seront suivies
pour prononcer l'expropriation et pour purger les hypothèques,
celles enfin d'après lesquelles aura lieu l'estimation des indemnités,
à défaut de convention. Cette loi est remarquable comme exemple
de l'application du jury en matière civile.

Des produits de la chose.

La propriété d'une chose, soit mobilière, soit immobilière, donne
droit sur tout ce que cette chose produit, sauf quelques exceptions.

Les produits extraordinaires, tels que les futaies qui ne sont pas
mises en coupes réglées, appartiennent toujours au propriétaire,
comme faisant partie de sa chose. Il en est de même des produits
des mines, si ce n'est lorsque l'exploitation a été concédée adminis-
trativement à un tiers. Le trésor trouvé par le propriétaire, dans son
fonds, lui appartient également, quoique ce ne soit pas un produit.

On appelle *fruits* les produits d'une chose qui, non-seulement
peuvent en être détachés sans altérer sa substance, mais se succèdent
et se remplacent périodiquement. Les fruits de la terre sont appelés
naturels ou industriels, selon qu'ils sont ou non le produit spon-
tané du sol. Le croît des animaux est rangé parmi les fruits naturels.
Les revenus pécuniaires que l'on tire d'une chose, comme les loyers
des maisons, les prix des baux à ferme, les intérêts des sommes
exigibles et arrérages de rente, sont appelés fruits civils.

Tous ces fruits, sans distinction, appartiennent au propriétaire de la chose qui les a produits ; sauf le droit de perception en faveur de l'usufruitier, du fermier et du preneur à antichrèse. Le principe ne reçoit pas d'exception, au cas même où le fonds aurait été cultivé ou ensemencé par un tiers et à ses frais, sauf l'indemnité que ce tiers, autre qu'un usufruitier ou fermier, peut réclamer par privilége.

Du principe que les fruits appartiennent au propriétaire, il suit que le possesseur du fonds d'autrui doit, en général, restituer tous les produits au propriétaire qui revendique. Mais une exception, motivée par des considérations d'équité, a été admise en faveur du possesseur qui a perçu les fruits de bonne foi ; c'est donc un principe, en droit français, que ce possesseur fait les fruits siens par la seule perception, sans être tenu de rendre même ceux qui seraient encore existans au moment de l'action.

La mauvaise foi ne se présume point : la loi civile ne scrute pas les consciences ; à ses yeux le bien est toujours prouvé quand le mal ne l'est pas. Du reste, la bonne foi n'est point parfaite si elle ne repose sur un titre, c'est-à-dire si la cause de la possession n'est pas telle qu'en l'absence d'un vice ignoré du possesseur, elle eut dû le rendre propriétaire. De plus, et à la différence de la possession pour prescrire, la connaissance du vice, lorsqu'elle survient, fait obstacle à l'acquisition des fruits tant que le possesseur n'est pas devenu propriétaire ; mais en sens contraire, on peut soutenir que la mauvaise foi de l'auteur du possesseur de bonne foi n'empêcherait pas celui-ci de gagner les fruits par lui perçus. En un mot, il doit suffire de la bonne foi du possesseur, en fait, au moment de chaque perception.

Des choses unies ou incorporées à un immeuble.

La propriété du sol emporte la propriété du dessus et du dessous.

Le propriétaire peut y faire toutes constructions, plantations et fouilles, sauf les modifications résultant des lois ou réglemens sur les servitudes, sur les mines, sur la hauteur des maisons, etc. De là la présomption que tous ces ouvrages sont faits par le propriétaire et à ses frais, si le contraire n'est prouvé. Bien plus, par quelques mains que les ouvrages aient été faits, et sauf prescription acquise par un tiers, la loi attribue au maître du sol la propriété des constructions ou plantations, mais à la charge d'indemnité d'après les distinctions suivantes :

Le maître du sol a construit ou planté avec les matériaux d'autrui ; il devra en payer la valeur, avec dommages-intérêts si la soustraction a été frauduleuse.

Un tiers de mauvaise foi a construit ou planté, avec ses matériaux, sur le sol d'autrui. Le propriétaire du sol peut faire enlever les constructions et plantations, ou les retenir en remboursant le prix des matériaux et de la main-d'œuvre.

Ce tiers était-il de bonne foi, le propriétaire ne pourra pas exiger la destruction, mais l'indemnité sera à son choix, ou du prix des matériaux et de la main-d'œuvre, ou de la plus-value.

Le possesseur de bonne foi n'est pas tenu de compenser les fruits qu'il a faits siens par la perception avec les impenses qu'il aurait faites, autres toutefois que celles qui seraient réputées charges des fruits. Il a le droit de rester en possession jusqu'au paiement de cette indemnité.

Comment doit-on envisager l'usufruitier et le fermier relativement aux constructions ou plantations par eux faites ?

Le voisinage d'un fleuve ou d'une rivière expose continuellement les riverains à la perte ou à la dégradation de leur propriété ; ce dommage doit être compensé par des avantages. De là le principe que le riverain profite de l'accroissement successif et insensible résultant des atérrissemens et relais. Il en est autrement quan une partie considérable et reconnaissable d'un fonds a été subitement enlevée et unie à un autre fonds; le propriétaire de la partie enlevée peut réclamer sa propriété pendant un an, et même après si le propriétaire du fonds auquel cette partie a été unie n'en a point encore pris possession.

Les îles sont en général une partie du lit de la rivière où elles existent; celle qui se forme dans une rivière non navigable ni flottable, appartient aux riverains; et pour établir les droits respectifs de chacun, on tire fictivement une ligne au milieu de la rivière.

Si un fleuve ou une rivière navigable, flottable ou non, abandonne tout-à-coup le lit qu'il occupait pour s'en creuser un nouveau, le Code attribue l'ancien lit aux propriétaires des fonds nouvellement occupés, à titre d'indemnité.

Le propriétaire d'un colombier, garenne ou étang, devient propriétaire des pigeons, lapins ou poissons qui y passent sans avoir été attirés par fraude ou par artifice.

*Des choses mobilières unies à d'autres ou modifiées
par l'industrie.*

En fait de meubles corporels, la simple possession, quand elle est de bonne foi et à titre de propriétaire, forme un titre de propriété, sauf les cas de perte ou de vol. Les questions de propriété résultant de l'union de deux choses appartenant à différens maîtres, ou de la modification de la chose de l'un par le travail de l'autre, ne se présentent qu'en cas de possession insuffisante pour acquérir. Elles sont à peu près abandonnées à la sagesse du juge; toutefois le Code pose quelques règles pour servir d'exemple dans les cas non prévus. Ces règles embrassent les trois cas suivans :

Deux choses peuvent être unies de manière à conserver leur individualité; il y a alors *adjonction;*

De manière à la perdre ou à peu près, il y a *confusion* ou *com-mixtion*;

Enfin, une chose peut être modifiée par l'industrie, de manière à former une espèce nouvelle; il y a *spécification*.

Au premier cas, le Code attribue la propriété du tout au maître de la chose réputée principale par sa nature, sa valeur ou son volume, à charge de payer la valeur de la chose accessoire; il ne permet point, comme en droit romain, au maître de celle-ci, alors même qu'elle a été unie à son insu, de la faire séparer pour la revendiquer, si ce n'est quand elle est beaucoup plus précieuse que la chose principale.

Au cas de confusion ou commixtion, le propriétaire de la matière supérieure à l'autre par la quantité et le prix, peut, en payant la valeur de celle-ci, réclamer le tout; si aucune ne peut être réputée principale, il y a lieu soit à la séparation si elle est possible et si celui qui la demande n'a pas consenti au mélange, soit à communauté du tout.

Au cas de spécification avec la matière d'autrui, le Code, écartant la distinction admise dans le dernier état du droit romain, semble considérer la matière et l'industrie comme deux parties de la chose, dont la principale emportera propriété du tout, sauf indemnité. L'industrie ne sera réputée principale que si le prix de la main-d'œuvre surpasse de beaucoup la valeur de la matière. Dans le cas où l'ouvrier aurait employé en partie sa matière et en partie celle d'autrui, si l'on ne peut distinguer le principalde l'accessoire, la chose sera commune et la part de l'ouvrier sera en proportion de sa matière et de son travail réunis.

Dans tous les cas où le propriétaire dont la matière a été employée sans son consentement peut réclamer la chose nouvelle, il peut aussi abandonner sa matière et en réclamer l'équivalent.

De la revendication.

Le droit de propriété comprend virtuellement celui de revendiquer la chose contre tout détenteur. L'action, quant aux immeubles, peut s'exercer successivement au possessoire et au pétitoire :
les meubles ne peuvent être revendiqués que par cette dernière
voie.

La revendication mobilière n'est admise contre les tiers déten-
teurs de bonne foi qu'en cas de perte ou de vol, et cela pendant
trois ans : l'aliénation faite par le dépositaire, le commodataire,
le créancier gagiste, ne constitue point un vol, mais un simple abus
de confiance.

Par une faveur spéciale, la revendication mobilière est permise
au vendeur non payé, dans la huitaine de la livraison, pourvu que
la vente ait été faite sans terme, que la chose vendue soit encore
en la possession de l'acheteur et dans le même état que lors de la
livraison. La revendication commerciale, en cas de faillite, né peut
plus s'exercer dès que les marchandises sont entrées dans les ma-
gasins du failli ou de son commissionnaire, ou même ont été ven-
dues sans fraude sur factures et lettres de voiture.

La revendication mobilière s'exerce par un mode rapide. Le propriétaire, en vertu d'une ordonnance du juge, rendue sur requête,
fait opérer la saisie par le ministère d'un huissier, lequel, en cas
d'opposition, établit garnison et dresse procès-verbal pour en être
référé au juge. Les formes, du reste, sont les mêmes que pour la
saisie-exécution. La demande en validité de la saisie-revendication
est portée devant le tribunal du domicile de celui qui prétend un
droit sur les objets revendiqués. Dans le cas de connexité, le tribunal déjà saisi doit seul en connaître.

Paris, imprimerie de Decourchant, rue d'Erfurth, n° 1.

9 782019 299545